BIBLIOTHÈQUE INTERNATIONALE DE PSYCHOSYNTÉRÈSE 1

# L'AMOUR ENTRE FEMMES

**Dr phil. Elisabeth Klein**

Éditions Bischoff Verlag

FEMMES ENTRE ELLES

Photo couverture: «Lesbian», source: Fotolia / BillionPhotos.com.



Édition avril 2018.

Informations supplémentaires:
www.bischoff.ovh

Éditions Bischoff
Ruelle de Borjaxux 15
1807 Blonay / VD - Suisse
+41 78 610 05 91
thomas@bischoff.ovh

L'auteur:
## Dr phil. Elisabeth KLEIN,
## EDLE VON WENIN-PABURG,
## Ph.D., B.Ed., F.I.S.N.V.P., D.E.S.P.

Elisabeth Klein, est une brillante psychothérapeute qui, en partant des recherches de Sigmund Freud et Carl Gustav Jung, ainsi que des progrès faits dans les domaines de la neurologie et de la recherche sur le sommeil, a développé — ensemble avec son mari Robert Klein von Wenin-Paburg — un nouveau système psychologique et une méthode de traitement de désordres psychiques: la psychosyntérèse. Ce système est caractérisé par une conception dynamique de tous les aspects de la vie mentale, consciente et inconsciente, mettant l'accent en particulier sur la puissance thérapeutique du centre énergétique de la psyché, le Soi ou la Syntérèse, ainsi que par une technique élaborée d'investigation et de traitement, basée sur l'activation de la Syntérèse principalement par l'interprétation des rêves.

Pour plus de renseignements sur cette méthode méconnu du grand public: **www.psychosynterese.ch**

**Contenu:**

Ce petit livre est un compte-rendu d'entretiens sur le sujet du lesbianisme. Quelles sont les motivations pour une partie importante de nos femmes à vivre dans un couple homosexuel ? Il s'agit de témoignages de femmes vivant aux États-Unis ou en Suisse et qui ont vécu autrefois dans un couple hétérosexuel. La plupart de ces femmes ont vécu la désillusion et la maltraitance au sein de leur couple initial. Elles ont ensuite trouvé une âme sœur qui leur offre ce qu'elles n'ont pas trouvé en compagnie d'un homme : l'amour, la tendresse et la fidélité. Commentaire de l'une d'entre elles : Nous découvrons que « lesbienne » peut signifier „la rage au cœur des femmes prêtes à exploser…" Selon Elisabeth Klein, c'est bien les hommes qui "fabriquent" une bonne partie des lesbiennes qu'ils exècrent.

4

## SOMMAIRE

### L'AMOUR ENTRE FEMMES –
### En Amérique et chez nous

Interview d'Elvira et Georgia, New York.

Une fille, dit Elvira, a une relation naturelle avec sa mère. Elles ont le même corps, tandis qu'un homme est un étranger. Se prendre dans les bras, se blottir l'une contre l'autre a un côté sensuel merveilleux.

Il y a un grand attrait de travailler avec une femme qui attire l'autre sexuellement, ce qui procure de l'énergie nouvelle. On aime prendre pour modèle une femme de 10-15 ans de plus qui est comme nous, comme notre mère quand nous étions petites. Elvira ajoute que deux femmes peuvent s'aimer d'amour, deux hommes aussi selon les sondages.

Quand notre mère s'éloignait, nous pleurions, aujourd'hui quand mon amie s'absente, j'ai peur de ne plus la revoir, je vis dans la solitude. J'attends avec anxiété son retour. Nous sommes pressées de nous enlacer à nouveau et de nous prendre par la main.

### *Georgia :*
Nous vivons ensemble, travaillons ensemble, d'abord pour l'amour, le travail vient après. Pour cela, nous avons de petits désirs financièrement parlant. Comme c'est beau de passer l'après-midi à ne rien faire de spécial, au bord de l'eau, en lisant, en pêchant le poisson pour le souper. Nous vivons dans notre maison et cela nous suffit puisqu'elle est franche d'hypothèque. Ce qui compte pour nous, c'est de rester fidèle l'une à l'autre comme un couple uni et de se souvenir de la maxime : aimez-vous les unes les autres, soignons la relation.

8

### Elvira :

La raison pour laquelle nous nous sommes mises ensemble, c'est que nous nous rendions compte que nous ne supportions plus la solitude en vivant seules, nos partenaires hommes ayant pris la fuite, chacun en son temps. Ce qui nous a fait choisir une partenaire femme, c'est que nous avons été maltraitées par nos hommes, qu'ils étaient infidèles et que nous avions trop de grossesses non désirées.

### Georgia :

Nous sommes devenues amantes, Elvira et moi. Pourtant ça n'a pas été tout seul, chacune a dû mettre du sien pour s'entendre, Elvira n'ayant pas été libre de suite. J'ai dû accepter de jouer le rôle d'amie de la famille, car le mari passait encore avant moi. Ce n'est qu'après le divorce d'Elvira qu'on a pu enfin imaginer aller vivre ensemble. Je me sens heureuse avec Elvira. Elle est stable de caractère, source de chaleur et de réconfort.

### Elvira :

On avait déjà passé un été ensemble pour se faire mutuellement de la réflexologie et on s'était plu. Quand nous sommes séparées, j'en pleure, mais je me réjouis toujours de retrouver Georgia. Quand je parle avec ma mère de mon bonheur, elle n'est pas d'accord, elle trouve qu'on est sur la terre pour avoir des gosses et non pour être heureuses ! Du reste, elle a toujours été une partisane des douches froides sur les parties sexuelles comme les Chinois le préconisent.

### L'auteur :

Quelle est l'unité de l'être humain ? Est-ce homme/femme, mâle/femelle ? Ou bien Platon ne prétendait-il pas que nous

sommes androgynes =autant homme que femme, que nous avons été partagés en deux et qu'ainsi nous courons toute notre vie après notre deuxième moitié ?

Certes, étant nés d'un père et d'une mère, nous sommes mi-homme, mi-femme, un peu plus, un peu moins, selon ce que nous avons pu vivre avec nos parents. Serions-nous donc hermaphrodites comme les escargots ? Ça ne se montre pas sur le plan physique en tout cas. On est soit homme, soit femme. Si notre sexe n'est pas bien déterminé, ce qui arrive, il est alors atrophié, et nous sommes considérés comme anormaux. Pourtant la question n'a pas pu être résolue jusqu'à aujourd'hui,malgré notre intelligence.

### L'auteur à Elvira :

Il y a des femmes comme vous qui disent : J'adore les femmes, les hommes pas du tout. De quoi croyez-vous que cela vienne, cette préférence ?

### Elvira :

Je pense que cela vient de notre enfance. Si le père s'est occupé de sa fillette, elle sera capable d'aimer un homme en tant que femme, sinon cela donne des femmes révoltées contre ce père, ce grand absent, disait déjà Freud qui ne s'est pas tellement trompé, malgré tous les reproches qu'on lui fait encore.

### Georgia :

Mais alors faut-il consulter une psy si on aime une femme plutôt qu'un homme ?

### L'auteur :

Non, je ne crois pas, si cela n'entrave pas votre vie, si cela ne vous crée pas de problèmes insolubles, chacun faisant de sa

vie ce qu'il veut, et en tenant aussi compte du fait que les hommes préfèrent des femmes bien plus jeunes qu'eux. Ainsi les femmes restent seules.

### Elvira :

Un grand nombre de femmes sont universitaires et elles ne désirent pas rencontrer des hommes inférieurs à elles. Les hommes égaux à elles ne se trouvent pas toujours sur les bancs d'université. Alors elles restent entre elles. Elles se comprennent mieux entre elles qu'avec les hommes qui ont une autre mentalité, selon leur éducation.

### Georgia :

Même la femme catholique n'est pas acceptée par l'Église ; à ce jour, elle ne peut devenir prêtre. Si elle va dans un couvent, elle doit être asexuée. Là-bas, on est contre les hommes !

Je trouve drôle que l'Église soit contre la sexualité, vu que c'est une chose naturelle voulue par Dieu. Est-ce que Dieu ne nous a pas faits tous la même chose ? N'est-ce pas dommage que des sentiments aussi positifs puissent être vus d'une façon aussi douteuse ? Je trouve qu'il faut aimer sa sexualité et en être fière, la partager avec quelqu'un qu'on aime d'une façon régulière, pas comme un papillon butinant de fleur en fleur, bien sûr, à cause du sida déjà.

### L'auteur :

Je suis tout à fait d'accord avec vous, je ne suis pas là pour juger quiconque.

Entre-temps, Diana et Lucy nous ont rejointes dans le salon d'Elvira et Georgia ; elles sont voisines et elles se rencontrent le soir, justement pour débattre de ces problèmes.

### Diana :

Je peux mieux parler des femmes que des hommes puisque j'en suis une. Je pense qu'il faut vivre son lesbianisme.

L'auteur :

Mais qu'est-ce qui attire chez les femmes ?

### Diana :

Ce ne sont pas toujours les belles femmes qui sont attirantes, car beauté ne rime pas avec intelligence. Un beau corps bien proportionné, c'est bon pour les yeux, ça fait plaisir à voir, mais l'intelligence prime souvent, la gentillesse, la douceur passent avant et, au fond, presque personne n'est à la fois très beau et très intelligent, il y a toujours une faille quelque part, un défaut. C'est un peu comme les poulains qui sont primés, très peu peuvent l'être.

### Lucy :

Les femmes homosexuelles le sont à divers degrés : un peu, beaucoup, pas du tout comme les marguerites ! mais ce sont les plus aimantes, les plus généreuses, les plus douces.

Il y en a parmi les psychanalystes jungiennes, parmi celles qui ont un doctorat en théologie, parmi les médecins et les avocates.

Pas toutes ont une relation sexuelle ensemble. Parfois, elles s'en tiennent à une relation platonique, à l'échange de douceur, de culture, d'amitié.

### Diana :

On les trouve aussi dans les équipes de sport : baseball, basket, natation. On se rencontre aussi à des pique-niques, à des jeux, à la relaxation, dans les salons de jeux de cartes : mon jeu favori est la canasta. Pas toutes ont une relation monogame, certaines préfèrent d'innombrables partenaires, parfois aussi un homme, c'est ce qu'on appelle les « bisexuelles ». Ne dit-on pas que mieux vaut un homme parfois que pas d'homme du tout ?

### Lucy :

Les sœurs religieuses qui enseignent sont appréciées des filles, car elles sont maternelles. Une telle relation se développe aussi. Les religions dénigrent le sexe féminin. Les femmes lesbiennes choisissent leur thérapeute, leur avocate, leur femme professeur, leur médecin féminin. On fait ici, aux USA, des séances de thérapie de groupe pour femmes uniquement. À Paris, comme à Londres, ou à New York, il y a des cabarets réservés aux femmes où les hommes ne vont pas, qui sont pour le lesbiennes, pour se rencontrer.

### L'auteur :

Mais quand une femme lesbienne désire un enfant, comment s'y prend-elle ?

### Elvira :

Quand elle veut un enfant sans homme, elle se fait faire un enfant par insémination artificielle.

### L'auteur :

Mais qui sont alors les parents ?

# L'AMOUR ENTRE FEMMES

**Elvira :**
Deux femmes vivant ensemble s'aimant, connaissant le bonheur.

**L'auteur :**
La police, à ce qu'il paraît, emploie aussi des femmes lesbiennes, est-ce vrai ?

**Lucy :**
Oh oui, ça existe, elles sont parfois officiers de police et vont à moto. Elles sont très appréciées.

**L'auteur :**
Parlez-moi, mesdames, maintenant un peu de la vie des femmes dans le passé :

**Georgia :**
Les femmes vivaient facilement à plusieurs ensemble, parfois à trois. Actuellement, les couples sont plus à la mode, vu que leur vie est de plus en plus légalisée. Auparavant, on était plus facilement en porte à faux dans l'autre monde hétéro. Il fallait se cacher ou vivre à plusieurs comme de simples étudiantes sans le sou.

**Elvira :**
Si elles sont bien situées, il n'est pas rare qu'elles s'achètent une maison à deux. Pourtant, la question de gain n'est toujours pas réglée, vu les différences entre hommes et femmes. Il est d'usage de tenir un salon féministe dans sa maison.

Elvira répète ce qui a déjà été dit, elle veut souligner que les femmes lesbiennes sont fortes, affectueuses, puissantes, elles aiment des femmes qui ont des amitiés particulières.

**L'auteur :**
Est-ce que « lesbienne » veut dire sentiment sexuel contraire ou inversion sexuelle ?

**Georgia :**
Le caractère principal de la femme invertie sexuellement, c'est un degré de masculinité. On pourrait dire qu'elle repousse le père parce qu'elle est terriblement attirée par lui. Comme on ne couche pas avec son père, alors on le copie au moins, on aime s'habiller en garçon, on pratique les jeux des garçons. C'est aussi dû au fait que les parents voulaient un garçon et qu'ils n'ont reçu qu'une fille.

**Lucy complète :**
Au lieu d'être complexée avec un homme, on se sent plus à l'aise avec une femme.

**L'auteur repense à ce que Freud a dit :**
« Ces femmes sont restées accrochées à leur sexualité de l'enfance, à la masturbation individuelle ou en groupe, elles souffrent du manque de pénis ». Je trouve que si je me base sur les bêtes qui ont le même code génétique que nous, dont les gènes animaux sont activés, alors qu'en nous, les gènes humains fonctionnent, eh bien, elles vivent leur sexualité autant homo qu'hétéro, sans se poser de question.

**L'auteur :**
Moi, je pense qu'il ne faut pas rejeter un partenaire masculin du fait que la femme n'a pas de phallus. Pourquoi veut-elle en avoir un, puisqu'elle n'en aura jamais ? Il faut savoir s'accorder avec ce qu'on a. Ces dames ne sont pas contentes, car pour elles, ce qui compte d'abord, c'est le fait de rejeter l'homme sans même discuter. Je n'allonge pas.

**Elvira :**

Incontestablement, les femmes qui n'ont pas d'hommes se tournent vers les femmes. En Amérique, bien sûr aussi ailleurs, dans notre monde industrialisé, aussi en Suisse, sans doute, elles sont tellement nombreuses à vivre seules.

**L'auteur :**

Croyez-vous que de vivre et d'aimer une femme, non un homme, c'est la continuation d'une fixation sur la mère ?

**Lucy :**

Les filles ne jouissent pas des mêmes libertés que les garçons, elles se révoltent alors contre leur sort. Bien sûr que la révolte chez la femme augmente son complexe de virilité, cela trouble sa psychosexualité. — On a mis les soutiens-gorge et les corsets à la poubelle, on va les seins nus à la plage, est-ce nécessaire ? demande l'auteur qui répond à la place de ces dames : Non, se promener avec des seins se ballottant au vent, ce n'est pas beau. Les pantalons n'avantagent nullement la femme à moins qu'elle ait réellement un corps maigre de garçon. Pourtant, les fesses ne seront jamais celles des hommes: petites et courtes. Chez la femme, c'est le contraire à cause du bassin. Les femmes, au bal, en pantalon dansant avec des hommes, sont des horreurs... Elles devraient se regarder dans le miroir avant de sortir !

**L'auteur :**

Est-ce qu'en Amérique la femme a aussi été poursuivie quand elle vivait sa vie avec une femme plutôt qu'avec un homme ?

### Elvira :

En Amérique, malgré tout, la femme est favorisée dans ce domaine. Elle a toujours plus ou moins osé se montrer telle qu'elle est, tandis qu'en Europe, elle a connu la prison pour avoir osé porter un pantalon d'homme au début du siècle. Cela ne veut pourtant pas dire qu'elle n'ait pas été persécutée aux USA, même en allant jusqu'à lui retirer ses enfants pour leur avoir montré « le mauvais exemple ». En Europe, au Moyen-Age, jusqu'au XVIIe siècle, neuf millions de femmes ont été brûlées comme sorcières !

### L'auteur :

Des femmes, dans le monde, ont vécu de véritables romans d'amour entre elles. Est-ce un crime d'avoir une opinion différente de celle de la masse ?

### Lucy :

Non, pas du tout, car les hommes qui crient contre les femmes qui s'aiment ne se gênent nullement de délaisser facilement la famille qu'ils ont fondée avec une femme. Dans ce cas, que devient la femme abandonnée avec des enfants, doit-elle se réfugier dans un couvent ? Pour elle commence une vie d'enfer, celle de travailler toute la journée et de devoir élever son enfant toute seule. Pour le gosse aussi, c'est l'enfer, car tout à coup, il n'y a plus personne à la maison, la maman est aussi absente au travail, le père parti, l'enfant se retrouve avec une clé autour du cou. Est-ce une vie meilleure que de trouver une femme qui vous soutient, qui elle est peut-être à la maison et reçoit mon enfant quand il rentre de l'école ? Je pense que oui, car l'enfant a besoin d'une personne aimante à la maison qui lui fait ses tartines, qui répond quand il sonne. Il a, ainsi, moins d'angoisses. Il vit moins dans l'insécurité. C'est à Lausanne que nous nous rendons maintenant ou nous rencontrerons Michèle et Anne

qui vivent ensemble depuis 10 ans après chacune un divorce douloureux, chacune avec deux enfants qui ont grandi entre-temps.

**L'auteur :**
Que pensez-vous des couples de femmes ?

**Michèle :**
Eh bien, je pense qu'il y a des couples de femmes qui sont plus fermement attachées l'une à l'autre que des couples mixtes, vu qu'un mariage sur deux se sépare, souvent tragiquement pour les enfants et la femme qui reste seule. Il semble que leur vie est aussi satisfaisante que celle des hétéros.

**L'auteur :**
Mais qui garde vos enfants, vu que vous avez toutes deux un travail à la journée entière?

**Anne :**
Nous avons pris une femme de ménage, une très gentille dame qui prépare les repas des enfants, qui nous fait le ménage.

**L'auteur :**
En Europe, la bisexualité est considérée comme chic par le monde de la classe supérieure. On la rencontre aussi dans des cercles de bohémiens. Ces personnes portent des sous-vêtements masculins.

**L'auteur :**
Que signifie pour vous, mesdames, le mot "lesbienne"?

**Michèle :**

Une lesbienne représente la rage au cœur des femmes prêtes à exploser!

**L'auteur :**

On dit souvent que les femmes ne se soutiennent pas mutuellement, qu'elles se jalousent. Qu'en pensez-vous?

**Anne :**

Je ne veux pas généraliser, je ne parle pas des "on dit". En ce qui me concerne, j'ai une amie sûre qui partage ma vie, elle ne me jalouse pas, nous avons chacune notre profession, nos façons de voir, nous nous entendons très bien, nous vivons l'une pour l'autre. Il semble que la jalousie soit bien un trait féminin, mais il est aussi masculin; que les hommes arrêtent de nous mettre des étiquettes qui leur vont tout aussi bien à eux. Il n'y a qu'à voir quand ils sont dans les bistrots et qu'ils bavardent entre eux, c'est affreux à entendre, c'est pire que ce que racontent les femmes réunies. Par moments, ils ont un comportement de vieilles concierges. Je ne veux pas dire de mal des concierges, mais de femmes qui disent du mal de leurs voisines, cela existe beaucoup dans les immeubles locatifs.

**L'auteur :**

Vous, Anne et Michèle, vous avez vécu une expérience communautaire aux Etats-Unis, en Californie. Comment était-ce?

**Michèle :**

Oui, en effet, quand on avait 20 ans, on a voulu faire cette expérience dans une communauté de femmes. Nous en avons gardé un bon souvenir, même si nous avons eu alors diverses partenaires sentimentales et sexuelles.

En tout cas, ce n'est pas vrai que la vie dans la communauté est en tout point harmonieuse. Il y a beaucoup de disputes, d'histoires entre les femmes, de l'infidélité, des disputes politiques aussi entre les différents partis représentés. Elles ont, naturellement, leurs intérêts et leurs qualifications, leurs amours présentes ou passées, leur engagement pour le mouvement féministe.

### L'auteur :

En ce qui concerne la question de Dieu, comment les femmes de votre communauté le voient-elles? Le temps a passé depuis que nous les avons quittées et que nous sommes rentrées au pays, mais elles disaient qu'il faut considérer Dieu comme une mère, donc Mère-Dieu et non comme un homme. Elles s'adressent ainsi à Dieu:

"Ma Mère, fais en sorte que mon problème soit résolu, etc."

### L'auteur :

Il y a aussi une question concernant le nom qu'on porte en tant que femme. Il est dérivé du père. Etait-ce comme cela chez les lesbiennes de Californie ?

### Anne :

Oh non, pas du tout, elles ne veulent plus rien avoir à faire avec le nom du père, elles veulent porter leur nom à elle, ou celui de leur mère en y ajoutant un autre. Par exemple: Mlle P.E. Johnson devient Laura Daughter ("fille") Elisabeth Alice Daughter et le nom de famille de la mère, mais en aucun cas celui du père, on aime bien aussi choisir des noms de villes plutôt qu'un de famille paternel. Par exemple: Elisabeth Geneva, Ann Los Angeles, Lilian Amber ( "ambre" ) pour celles qui aiment les pierres précieuses. Les femmes

lesbiennes sont d'avis qu'on ne peut pas faire confiance aux femmes hétéro et aux bisexuelles. Quel est votre avis Anne ?

### Anne :

Oui, je pense qu'elles ont raison, car une femme doit choisir son camp, elle doit savoir où elle appartient: ou bien au camp des femmes purement et simplement dit, ou bien elles restent avec leurs hommes, même s'il y en a qui aiment bien jouer avec le feu. Tant pis si elles se brûlent ensuite. Cela crée alors de la jalousie qui peut avoir de terribles conséquences, la violence s'emparant des cœurs. J'ai une amie, dans le passé, qui était très vite jalouse, elle ne me laissait pas respirer, elle me surveillait, me posait 1000 questions chaque jour, elle n'avait pas confiance en moi, alors que je lui étais totalement fidèle. C'est peut-être un signe de maladie que d'être jalouse à ce point, mais en tout cas, c'est insupportable. Je l'ai quittée, mais j'ai dû littéralement prendre la fuite. C'était à New York, elle ne sait pas que je suis rentrée dans mon pays, elle ne sait pas où j'habite, car je crois qu'elle me poursuivrait encore si elle le pouvait. C'était une Noire américaine, elles sont très passionnées et vite sauvages. Je garde quand même un bon souvenir de son amour passé, et pour cela, je garde mes cheveux blonds bouclés serrés, crépus un peu. C'est tout.

### L'auteur :

Quel est alors le principal problème des femmes lesbiennes. Leur principal problème et souvent, hélas, le nôtre aussi, c'est l'argent, vu la discrimination qui existe toujours entre les salaires masculins et les nôtres.

# L'AMOUR ENTRE FEMMES



**L' auteur :**
Quand vous étiez en Californie, comment les femmes allaient elles se distraire si elles souffraient du manque d'argent?

**Michèle :**
Ma foi., on allait dans les cafétérias, c'est ce qui est le plus populaire aux USA. On y passe des journées entières C'est un va-et-vient. On y rencontre beaucoup d'amies et d'amours potentiels. Par contre, les femmes qui se respectent un peu ne fréquentent pas trop les bars, sauf les femmes de basse classe, les femmes simples, les ouvrières. Cela devient vite vulgaire, et si on aspire à un monde meilleur, chacune sait où elle doit aller. Les cols-blanches restent avec leurs semblables, on ne se mélange pas, même si on est dans le désarroi. Les intellectuelles se retrouvent dans les librairies, ou on choisit ses lectures, dans les bibliothèques. On y trouve des quantités d'ouvrages écrits par des femmes pour les femmes .

**L'auteur :**
On m'a raconté que les femmes vivant seules adorent les bêtes, racontez-moi, comment est-ce?

**Anne :**
Oh oui, elles adorent les bêtes: Il y a des maisons où c'est plein de chiens, de chats, de souris, d'oiseaux. C'est une bonne compagnie quand on est seule ou à deux.

**L'auteur :**
On m'a dit qu'il y a d'autres moyens pour faire connaissance, comment est-ce qu'on procède ?

**Michèle :**
Les femmes mettent souvent des annonces dans la presse pour trouver de nouvelles amies, aussi pour aller vivre avec elles.

**L'auteur :**
Y a-t-il des lesbiennes mariées ?

**Anne :**
Oui, en effet, il y a des femmes mariées qui se sont aperçues de leur lesbianisme avant de se marier et qui ont cru se guérir de cette tendance, si on peut appeler cela "devoir se guérir", vu que ce n'est plus considéré par la science comme une maladie, un vice. Donc, en se mariant, elles ont renoncé à cette tendance; pourtant, par la suite, elles se sont aperçues que l'atmosphère du mariage était artificielle. Elles se sont alors divorcées. D'autres ont découvert qu'elles sont tombées amoureuses de femmes. Certaines de ces femmes sont mères de famille, elles se sont constituées en groupe de défense de leurs intérêts, car on les a assez persécutées. Il y a assez de femmes lesbiennes qui restent mariées, car elles savent reconnaître leur intérêt dans le mariage, principalement d'ordre financier. Elles gardent le secret de cette relation qui peut durer des années.

**L'auteur :**
L'Association Américaine de Psychiatrie a déclaré, déjà en 1973,que l'homosexualité n'est plus considérée comme une pathologie, donc une maladie. Qu'en est-il des hommes ?

**Anne :**
Il y a aussi des hommes homosexuels qui élèvent leurs enfants tout seuls. Ils se réunissent souvent, aussi à Noël, avec les femmes lesbiennes, mères de famille. Ils

s'entraident, afin que les femmes ne vivent pas trop dans la pauvreté, vu les différences de salaire entre hommes et femmes sévissant toujours aux USA.

### L'auteur :

Qu'est-ce qu'il en est des enfants de mères lesbiennes, comment sont-ils éduqués dans le domaine du choix de la sexualité?

### Anne :

Les mères lesbiennes laissent libres de choisir, selon leur sexe, qu'ils choisissent émotionnellement ce qui leur convient le mieux.

### L'auteur :

Est-ce qu'elles font des complexes dans leur situation de femmes seules?

### Michèle :

Elles ont bien l'impression de faire partie d'une minorité, ici aussi; elles vivent assez cachées à cause des préjugés qui existent toujours, afin que leurs enfants ne souffrent pas à l'école de railleries , etc. Elles font des efforts pour que leurs enfants fréquentent d'autres enfants issus du même milieu qu'elles et ne connaissent pas de réactions négatives.

### L'auteur :

Comment expliquer aux enfants ?

### Anne :

La mère lesbienne ressent le besoin d'informer son enfant de ses tendances et ce que cela représente pour lui et sa famille de savoir que sa maman aime une femme, ou des femmes, plutôt qu'un homme.

Violette, une maman lesbienne, m'a fait part de ces quelques lignes qu'elle aimerait bien voir paraître dans cette brochure, en soulignant à ses enfants qu'elle est d'abord leur maman et que ses préférences n'ont rien à voir avec eux.

### L'auteur :

C'est très bien, je trouve que moins on raconte aux gosses, mieux c'est pour les parents. Ils doivent garder une certaine discrétion, car son enfant n'est pas son copain, même si une maman a tendance à le prendre pour confident, si elle n'a personne d'autre.

### L'auteur :

Quels sont les conflits entre mères lesbiennes et leurs ex-maris ?

### Michèle :

Il y a de nombreux conflits entre les parents d'enfants dont la mère est lesbienne. Elle arrive parfois à cacher ses tendances, afin que le père ne sache rien. Certaines mères affirment qu'à la maison, elles font ce qu'elles veulent et que lorsque les enfants rencontrent le père, ils n'ont qu'à faire ce que lui veut. Certains maris renoncent au contact avec leurs femmes et leurs enfants après le divorce quand ils apprennent les tendances de ces dernières.

### L'auteur :

Une avocate avisée m'a dit qu'elle déplore que dans ces cas, les parents veuillent toujours être gagnants.

### L'auteur :

Comment sont les relations entre mères lesbiennes et leurs fils ?

**Michèle :**

Des mères lesbiennes disent vouloir s'occuper de leurs filles, mais pas de leurs fils. La tribu grecque de femmes guerrières qui allaient à cheval et tiraient des flèches appelée "Les Amazones", vivaient de la façon suivante:

Leur progéniture qu'elles avaient d'hommes d'autres tribus, était partagée ainsi:

- les filles élevées par les mères,
- les garçons remis aux pères pour être élevés dans leur propre tribu.

La raison pour laquelle ces femmes lesbiennes ne veulent pas élever de garçons est due au fait qu'elles ne veulent pas être dominées par les fils une fois devenus adultes, qu'ils ne deviennent pas leurs ennemis.

**L'auteur :**

Est-ce qu'il y a des femmes lesbiennes qui abandonnent leurs enfants ?

**Anne :**

Cela arrive comme chez les autres mères hétéro , mais malgré tout, cela fait mauvaise impression de ne pas s'occuper de ses enfants, même s'ils sont une charge.

**L'auteur :**

Comment vivre avec une autre femme et des enfants?

**Michèle :**

Il arrive que chacune ait son appartement, afin que les enfants ne voient rien, mais généralement, elles vivent en famille. L'une des deux a un emploi, ou toutes les deux. Ou bien l'une reste à la maison et garde les enfants. On sait très

bien s'arranger et s'entraider. Il est clair que l'autre partenaire n'accepte pas toujours les enfants de l'autre. Mais enfin, c'est la vie de notre choix. L'amour entre femmes a ses contraintes comme l'amour tout court.

## ÉCLAIRAGES

Voici une série d'entretiens qui jette une lumière intéressante sur les relations affectives et sensuelles entre femmes. Dès la page 1, le ton est donné: l'altérité fondamentale de l'homme rien que sur le plan physique. Mais le fait d'avoir le même corps que sa mère implique tout un tissu relationnel d'émotions, de sensations aussi bonnes et aussi troubles que celles que déclenche le contact avec le corps d'un mâle. Comment s'étonner qu'une sensualité pas très demanderesse se satisfasse du contact affectif, sensuel et sexuel avec un personnage maternel? Pour ceux et celles d'entre vous qui croient en la réincarnation (voir la brochure "Vivre pourquoi?" que j'ai écrite avec mon mari), l'attirance entre femmes s'explique de différentes manières tout aussi intéressantes les unes que les autres: Je peux retrouver en une femme qui m'attire un homme que j'ai aimé dans une vie antérieure, nous pouvons avoir été associés par des liens familiaux, etc. Oui, Elvira a raison : deux femmes peuvent s'aimer d'amour. Il n'y a pas d'exclusive sur ce plan-là. L'amour entre homme et femme recèle certes un mystère, mais, comme je l'ai dit tout à l'heure, plus d'une femme peut reculer devant ce mystère et se contenter d'un amour pour une autre soi-même. Elle évitera ainsi les aspects heurtants de la relation sexuelle entre homme et femme: la pénétration, l'assaut sauvage, la soumission aux désirs toujours insatisfaits de l'homme qui reste adulte le bébé pervers qu'il a été. En effet, un homme a sur une femme des projections de Don Juan que rien ne saurait assouvir, alors qu'une femme entretient vis-à-vis d'une autre femme des projections bien plus mesurées.

À la page 2, Elvira confesse son abandonnisme. Pour qui a goûté la solitude, l'état le plus amer au monde, l'accueil

d'une autre femme dans sa vie est toujours un miracle que l'on redoute de voir s'effacer. Il y a certes là un sentiment de culpabilité vis-à-vis de l'ordre social des choses, qui n'est pas l'ordre naturel. De formidables groupes de pression invoquant à tour de bras toutes les idéologies imaginables s'acharnent à implanter dans la femme ce sentiment de culpabilité dès qu'elle n'opte pas pour une relation avec un homme. "Un vieux garçon" a des connotations assez positives, alors qu'"une vieille fille" évoque la commisération, voire le mépris. On trouvera toujours de soi-disant âmes nobles pour chanter les vertus d'un grand couturier homosexuel ou d'un acteur de cinéma pédéraste. On cherchera en vain pareil panégyrique à l'égard d'une femme en vue, banquière ou avocate, gui vivrait avec une âme soeur.

Il est tout à fait évident gu'une liaison entre femmes est une liaison entre pauvres gens, car les femmes sont défavorisées au plan socioprofessionnel par rapport aux hommes. Deux salaires de vendeuses sont une misère, et que dire, la différence d'âge aidant, d'un salaire de vendeuse et d'une retraite AVS ? Il est donc évident que l'avenir de l'amour entre femmes doit passer par une amélioration sensible du statut socioprofessionnel de la femme. Une seule condition à cela : que les fausses femmes disparaissent de la vie politique. Les fausses femmes, ce sont les électrices qui votent pour des hommes, alors que ceux-ci n'ont cure d'une amélioration de leur sort. Comme ce sont les politiques qui font les lois sociales, la conquête de l'égalité de traitement de la femme passe par une représentation égale des hommes et des femmes dans les parlements national et cantonaux.

Ah, la merveilleuse maxime de Georgia, "aimez-vous les unes les autres"! Elle au moins a le courage d'affirmer ce dont les hommes se moquent bien malgré que le Christ le leur ait enseigné.

À la page 4, Elvira soulève le problème de la non-harmonisation des formations scolaires. Cela peut paraître absurde qu'une universitaire ne désire pas rencontrer un homme inférieur à elle, mais la faute en revient à l'extrême jeunesse de la société patriarcale. Il y a 4000 ans s'est terminé un long intervalle matriarcal qui semble s'étendre sur des dizaines de milliers d'années. Le règne des hommes est si récent dans l'inconscient collectif que les hommes ne supportent pas de vivre avec une femme mieux qualifiée. Même un ingénieur a des difficultés d'accepter une épouse ayant un doctorat.

La question de la prêtrise pour les femmes est toujours taboue, sauf dans certaines Églises protestantes et seulement dans certaines circonstances. Cela a à faire avec la curieuse définition d'un Dieu dans les étoiles qui est chère au cœur des hommes. C'est bien un homme, Caïn, qui fit tirer des flèches vers les étoiles pensant frapper Dieu. Les femmes qui seules savent donner la vie ont une meilleure notion de Dieu: un Dieu intérieur, sans sexe, donc un Dieu-Déesse, que l'on rencontre dans son cœur et non pas dans les Églises bâties par les hommes. La prêtrise pour les femmes me paraît donc chose tout à fait naturelle si déjà elles veulent accepter de fonctionner dans des institutions qui au fond ne sont pas faites pour elles.

À la page 5, Diana insiste à juste titre sur la primauté de l'intelligence sur la beauté physique. Il est étonnant de voir les hommes s'enticher de créatures "de rêve" sans grande

intelligence. En cela, ils trahissent leur matérialisme originel. Pourtant tout le monde devrait savoir que c'est l'esprit qui confère la beauté au corps, l'éclat aux yeux. Soyons donc des femmes intelligentes et choisissons un ou une partenaire d'après sa bonté, sa capacité d'aimer, son intelligence ouverte aux mystères du monde. Le corps correspondant à cette âme sera toujours agréable même s'il ne correspond pas aux canons esthétiques de ces messieurs qui sont avidement à la recherche d'un idéal platonicien inatteignable en vous déshabillant du regard.

Les bisexuelles de la page 6 (Diana) ne le restent jamais longtemps. La bisexualité est du reste dans l'adolescence signe de tâtonnement, d'expérimentation avant de fixer son choix.

Quand Elvira parle de femmes puissantes à la page 8, elle évoque le personnage guerrier de Brunhilde qui, dans la Chanson des Nibelungen, suspendait son amant faiblichon à un clou au mur. Il est vrai que certaines femmes recherchent tout comme certains hommes une relation sadomasochiste, mais ce sont des cas d'exception.

Quelle curieuse définition que celle de la : "Une lesbienne représente la rage au cœur des femmes prêtes à exploser"! Nous entrons ici dans le contexte du féminisme militant grandi sur le terreau des goujateries des mâles, de leur fuite hors des responsabilités, de leurs inconséquences, de leur infantilisme. Je sais de quoi je parle, je n'entends que ça dans mes consultations. Le haut niveau d'excitation mentale fait que dans les discussions entre deux femmes victimes à ce sujet, on en vienne tout naturellement à épancher cette tension nerveuse par des contacts qui, de consolateurs, deviennent intimes. Messieurs, c'est bien vous qui

"fabriquez"une bonne partie des lesbiennes que vous exécrez!

Il est manifeste que ce que nous dit Anne des changements de noms à l'islandaise donne à penser: c'est la rupture de toute la généalogie d'une famille, donc une invention extrême, voire extrémiste caractéristique des soixante-huitardes. En effet, c'est bien en mai 1968 qu'ont surgi sur les murs de la Sorbonne des graffiti vengeurs du genre de: "Nous n'avons pas de parents." De telles ruptures ne s'observent autrement que dans les vocations mystiques où des femmes désireuses de sortir de la condition humaine abandonnent jusqu'à leur nom à l'entrée d'un couvent ou d'un ashram.

Violette interprétée par Anne a le courage de tirer une ligne de démarcation entre son destin et celui de ses enfants. Cela n'est pas aussi évident qu'il y paraît. En règle générale, les parents fonctionnent comme un relais fidèle de l'organisation sociale qui a besoin de familles, de cellules de base pour le maintien d'une société policée. On enseignera donc aux enfants, plus par des mots que par l'exemple vécu, que le couple hétérosexuel est le seul imaginable. Il est difficilement concevable que des parents hétérosexuels puissent laisser à leur enfant la liberté de choix entre l'hétérosexualité et l'homosexualité. Si je parle du courage de Violette, on pourra m'opposer le fait qu'elle préfère que ses enfants ne se distinguent pas des autres, tout comme on préfère baptiser un enfant catholique dans un milieu farouchement intégriste. L'humanité est si peu développée qu'elle est loin d'admettre que l'enfant est le projet de son destin et qu'il n'est confié à ses parents porteurs d'un autre destin que pour un quart de son existence.

En réfléchissant au tour d'horizon que nous ont procuré ces femmes lesbiennes, on peut y voir avec quelque raison un cas d'espèce du problème de toute minorité. Depuis l'ébranlement de l'ordre social patriarcal figé et fossilisé au lendemain de la Première Guerre mondiale, nous sommes en route non seulement vers un siècle spirituel, comme l'annonçait André Malraux, mais aussi et surtout vers un siècle où l'amour reprendra ses droits face à la froide raison dominatrice de ceux qui tiennent encore les cordons de la bourse et les rênes du pouvoir. Or, malgré toutes les prouesses de grands esprits masculins isolés au service de ce nouvel idéal, il faut bien reconnaître que l'amour est l'apanage de nous autres femmes, même si nous ne sommes pas mères. Peut-être l'amour entre femmes est-il une ébauche aussi imparfaite et faussée soit-elle d'une relation de confiance, de spontanéité, de réciprocité, d'échange vrai, de respect mutuel et de tolérance telle que nous la verrons s'établir à l'aube du troisième millénaire.

Éditions Bischoff
Ruelle de Borjaxux 15
1807 Blonay / VD - Suisse
+41 78 610 05 91
thomas@bischoff.ovh

# BIBLIOTHÈQUE INTERNATIONALE DE PSYCHOSYNTÉRÈSE

Robert F. Klein
## ANGOISSE, QUI NE TE CONNAÎT PAS ?

L'angoisse — un phénomène accompagnant tout développement de la personnalité. Avec 12 exercices pour aider une personne angoissée de sortir de son angoisse.

Elisabeth Klein
## ASSIS PENDANT DES ANNÉES SUR UN CANAPÉ SANS SOINS.

Drogue et maladie mentale. Elisabeth Klein raconte le cas d'une schizophrénie induite par l'utilisation de la drogue.

Elisabeth Klein, Robert F. Klein:
## VIVRE POURQUOI?

Tout sur la vie et l'après-vie. Elisabeth et Robert Klein s'expriment sur leurs convictions philosophiques et religieuses concernant le sens et le but de la vie et les questions fondamentales de la provenance humaine.

Elisabeth Klein, Robert F. Klein:
## L'INTRERPRÉTATION PSYCHOSYNTÉRÉTIQUE DES RÊVES

Noter et Interpréter ses Rêves en Psychosyntérèse Une introduction dans l'interprétation des rêves selon la psychosyntérèse.

# BIBLIOTHÈQUE INTERNATIONALE DE PSYCHOSYNTÉRÈSE

Elisabeth Klein, Robert F. Klein:
**PSYCHOSYNTERETISCHE TRAUMDEUTUNG**
Aufzeichnung und Deutung der Träume aus der Sicht der Psychosynteresis

Eine Einführung in die psychosynteretische Traumdeutung.

Robert F. Klein:
**LEBEN NACH DEM TOD ?**
**ODER WIE GEHT ES NACH DEM TODE WEITER ?**

Eine Einführung in die Thanatologie.

Elisabeth Klein
**L'AMOUR ENTRE FEMMES**

Questionnés par Elisabeth Klein, des femmes parlent de leurs relations. Discussions et éclairages.

Graziella Cortegiana
**NADIM MON PREMIER AMOUR**

L'histoire d'un amour impossible entre une jeune genevoise et un chrétien libanais.

## BIBLIOTHÈQUE INTERNATIONALE DE PSYCHOSYNTÉRÈSE

**À paraître:**

| | |
|---|---|
| Robert F. Klein, Elisabeth Klein | LA VIE, LA MORT, L'APRÈS-VIE |
| Elisabeth Klein | LA FATIGUE NERVEUSE ET COMMENT LA  SURMONTER |
| Elisabeth Klein | PSYCHOLOGIE DE LA VIE FAMILIALE I |
| Elisabeth Klein | PSYCHOLOGIE DE LA VIE FAMILIALE II |
| Aimée Des Buis | LA DAME DE CŒUR |
| Elisabeth Klein | MIMI DES PÂQUIS |
| Lina Albala | LYNN MA LYNN ADORÉE |

Tous les titres sont livrables en version imprimée et en version e-book. Les Informations concernant notre catalogue seront actualisées sur: www.bischoff.ovh

# DICTIONNAIRE MÉDICAL DICOKLEIN

97'710 termes techniques de médecine traduits  en 2 ou 3 langues. Un total de 195'420 ou 293'130 entrées (version en 2 langues uniquement sous forme e-book).

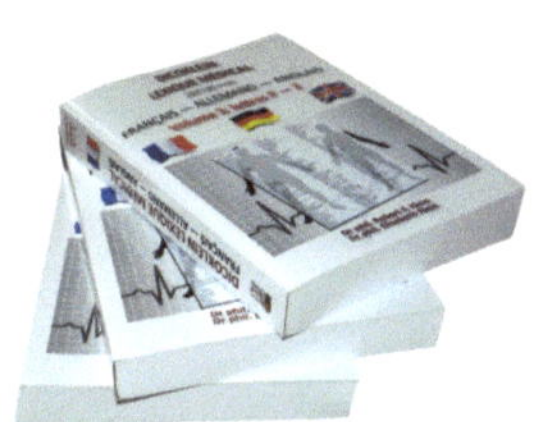

Le DICOKLEIN contient les termes classiques de la médecine soit: l'immunologie, la chimie, la rhumatologie, la cardiologie, la physiologie, la chirurgie, la gynécologie, l'embryologie, la physique, l'histologie, l'hématologie, la pathologie, l'orthopédie, la neurochirurgie, la médecine dentaire, l'épidémiologie, la pharmacologie, la botanique, l'homéopathie, la médecine anthroposophique, etc.

**Version imprimée** :
FRANÇAIS — ALLEMAND — ANGLAIS

Volume n° 1, lettres A – E :  33'785 entrées, 598 pages
Volume n° 2, lettres F – O :  31'463 entrées, 545 pages
Volume n° 3, lettres P – Z :  32'462 entrées, 587 pages

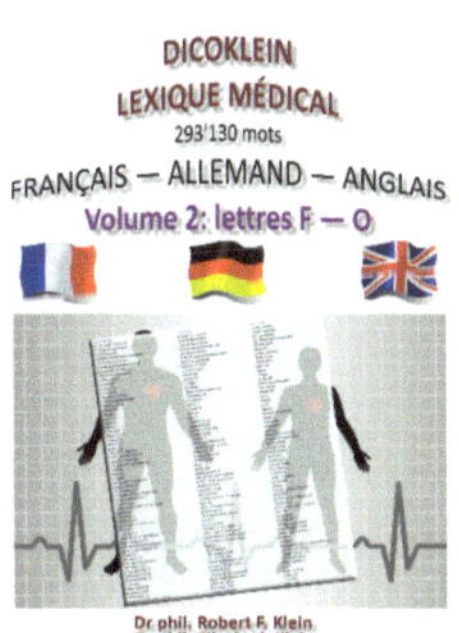


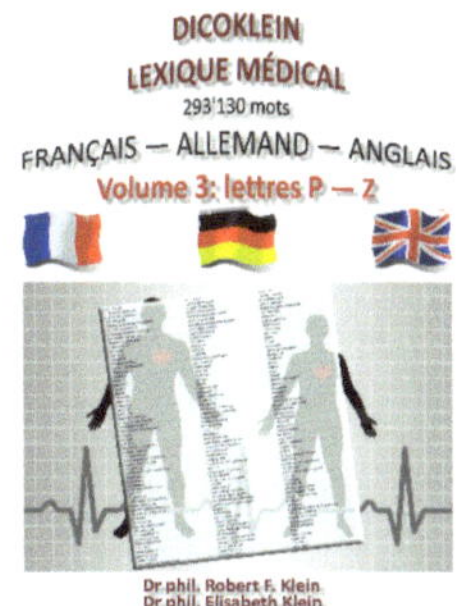

# DICTIONNAIRE MÉDICAL DICOKLEIN

**Versions e-book :**

- DICOKLEIN MEDICAL DICTIONARY ENGLISH — FRENCH — GERMAN

- LEXIQUE MÉDICAL DICOKLEIN FRANÇAIS — ALLEMAND — ANGLAIS

- DICOKLEIN MEDIZINISCHES WÖRTERBUCH DEUTSCH — ENGLISCH — FRANZÖSISCH

- DICOKLEIN MEDICAL DICTIONARY ENGLISH — FRENCH

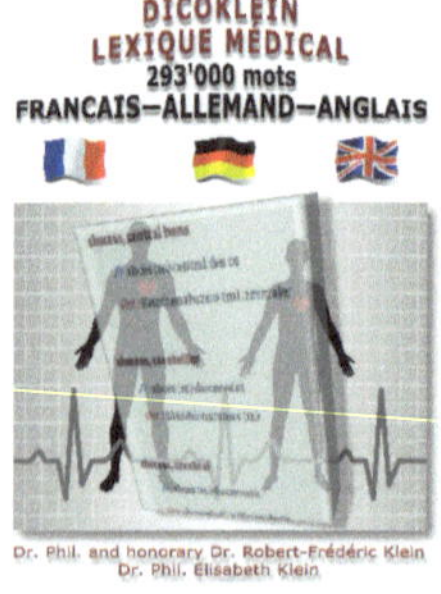


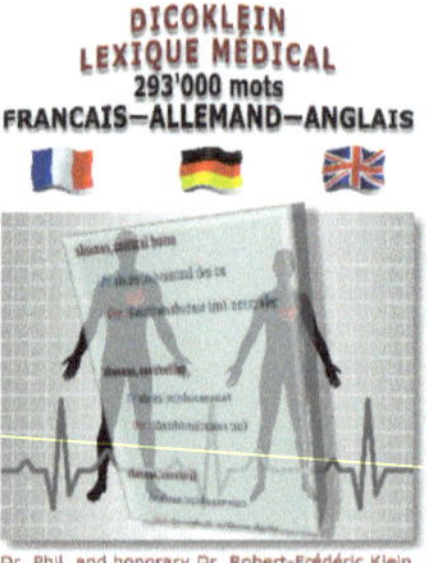


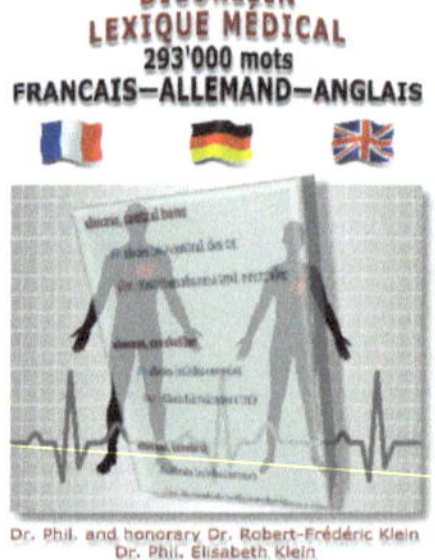


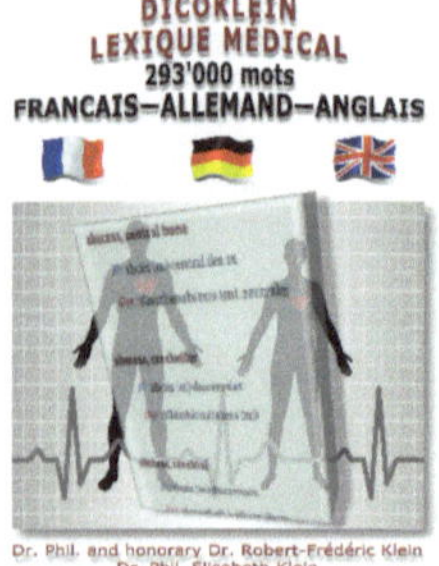


Tous les titres sont livrables en version imprimée et en version e-book.

Les Informations concernant notre catalogue seront actualisées sur: **www.bischoff.ovh**

Éditions Bischoff Verlag
Éditions Bischoff
Ruelle de Borjaxux 15
1807 Blonay / VD - Suisse
+41 78 610 05 91
thomas@bischoff.ovh